Kristine Camille Sommer

Den lille bog om karmahealing

Kristine Camille Sommer

Den lille bog om karmahealing

Den lille bog om karmahealing

1.udgave, 1. oplag 2021

© 2021 Kristine Camille Sommer

Redaktion: Kristine Camille Sommer
www.englehealerkristine.dk

Forlag: BoD – Books on Demand, Hellerup, Danmark

Tryk: BoD – Books on Demand, Norderstedt, Tyskland

ISBN: 9788743034575

INDHOLD

FORORD 8

HVAD ER KARMA? 10

PRUTTEN I ELEVATOREN 13

HVAD ER HEALING? 20

KÆRT BARN HAR MANGE NAVNE 26

HVORDAN KAN KARMA PÅVIRKE VORES LIV? 30

EN LILLE HISTORIE OM DUERNE PÅ STATIONEN 35

PERSONLIG KARMA 41

FAMILIEKARMA 48

MEN HVORFOR VÆLGE EN FAMILIE MED DÅRLIG KARMA? 53

KOLLEKTIV KARMA 57

KAN MAN SLIPPE AF MED SIN KARMA? 58

KARMAHEALING ER EN REJSE 66

HVIS DU OVERVEJER KARMAHEALING 72

HVAD SIGER ANDRE OM KARMAFORLØB? 80

FORORD

Karma er et enormt og komplekst begreb, som er nærmest umuligt at definere præcist.

Gennem tusindvis af år har kloge mennesker fra mange religioner viet deres liv på at besvare spørgsmålet: Hvad er karma.

Så klog er jeg slet ikke. (Eller tålmodig).

Jeg har skrevet denne lille bog så let og kort som muligt i håbet om, at den kan være med til at gøre begreber som healing og karma mindre mystiske.

Og dermed mere almindelige at bruge i hverdagen.

For mig er det vigtigste, at vi forstår, karma findes og at karma påvirker os uanset om vi er klar over det eller ej.

Og at vi bliver klar over, at vi kan heale vores karma, så den ikke længere holder os fast i dårlige mønstre og forhindrer os i at leve det liv, vi gerne vil.

Jeg ønsker dig god fornøjelse med læsningen – og med at se på dine egne karmiske mønstre.

Kærlig hilsen Kristine

HVAD ER KARMA?

Mange tror, at karma handler om straf.

At vi bliver straffet (af universet, Gud eller andre højere magter) for dårlige ting, vi har gjort. Enten i det her liv eller i tidligere.

Vi taler også om instant karma - altså øjeblikkelig karma – når nogen opfører sig dårligt, og der så sker noget dårligt for dem øjeblikket efter.

Instant Karma videoer er som regel vældig populære.
Haha, han sparkede efter hunden men ramte ikke, og så faldt han selv!

Men karma handler ikke om straf. Eller hævn.

Faktisk betyder karma bare "handling" eller "gerning" på sanskrit.

Karma er altså alle de handlinger, et menneske har gjort, lagt sammen. Både i dette liv og i tidligere.

Og ved handling forstås alt – som i A-L-T - hvad vi nogensinde har **gjort, sagt, tænkt, følt, troet** og **ment.**

ALT.

Det er ret omfattende, når man begynder at tænke over det.

Karma handler om at skabe balance og genoprette harmoni ved at kompensere og justere alle handlinger.

Ikke for at belønne eller straffe, som sagt. Men som udtryk for en naturlov, der skal skabe harmonisk ligevægt og læring.

Har du været bøddel i ét liv, må du prøve at være offer i det næste, for at forstå begge roller.

Det er derfor karmaloven også bliver kaldt retfærdighedens eller gengældelsens lov.

Karmaloven handler om årsag og virkning eller aktion/reaktion.

Ligesom Newtons 3. lov:

Til enhver handling tilhører en lige så stor modsat rettet handling.

(Newton var godt nok optaget af mekanik og fysik, da han lavede loven. Men det samme princip gælder karma)

PRUTTEN I ELEVATOREN

Når man taler om karma, siger man, at alle handlinger er
årsagsskabende.

Det kan man forklare sådan her:

Jeg slår en prut i en elevator.
Den næste, der skal ind i elevatoren lugter min prut og tænker:
"Føj for en ulykke, her skal jeg ikke ind!"
Og går hen og tager trappen i stedet.

Årsagen til at personen ikke vil ind i elevatoren, det er min prut.
Altså min handling.
Min handling er således årsagsskabende.

Vi bliver lidt i det her tænkte fjolle-eksempel og tilføjer, at jeg nu
står i elevatoren og føler skam, ensomhed og afvisthed.
Fordi den person ikke ville være i elevatoren sammen med mig.

De følelser bærer jeg med mig ud af elevatoren – både på det bevidste og ubevidste plan - og jeg har dem med mig resten af mit liv – skam, ensomhed og afvisning.

Ovenikøbet deler jeg min tolkning af de følelser, jeg fik i elevatoren, med mine børn og lærer dem:

"Andre mennesker kan ikke lide sådan nogen som os, derfor er vi altid alene".

Så mine børn går ind i livet med mistillid til livet og andre mennesker.

(Igen, dette er bare et tænkt eksempel for at illustrere karma som årsagsskabende. Selvfølgelig ville vi aldrig reagere så stærkt på en prut i en elevator i virkeligheden).

Vi kan bygge videre på eksemplet og forestille os, at den anden person, der tog trappen aldrig mere, vil tage elevatoren af angst for igen at opleve den ubehagelige dunst, som jeg havde sluppet ud.

Og vedkommende deler sin tolkning med sine børn og lærer dem:

"I skal holde jer væk fra elevatorer. Man kan få meget ubehagelige oplevelser i sådan en!"

Herefter vil de børn bære videre på en grundløs angst for elevatorer, som vil gøre deres liv meget besværligt - og som de senere kan give videre til deres børn.

Prutten i elevatoren er på den måde et billede på, hvordan årsagsskabende karma kan opstå og virke:

Min første handling bliver den første dominobrik i en lang kæde af aktioner og reaktioner, der griber ind i mange liv i flere generationer.

For det er de samme mekanismer, der kan ligge bag de mere alvorlige overbevisninger, vi går rundt med: En eller flere handlinger har formet os og nu fører vi dem videre. Bevidst eller ubevidst.

Det kunne f.eks. være en kvinde, lad os kalde hende Rebecca, der som barn har lært af sin mor, at børn skal se søde ud og gøre, hvad der bliver sagt.

Rebecca har måske lært det ved at mærke, at hun fik kærlig opmærksomhed, når hun var lydig og at hun blev skældt ud eller ignoreret, når hun gjorde noget hendes mor ikke var tilfreds med.

Rebeccas mor har selv oplevet at blive slået og fået at vide, at hun bragte skam over familien, hvis hun var "for vild" dengang hun var en lille pige.
Derfor har hun glædet sig over, at det er lykkedes hende at gøre sin egen datter Rebecca lydig og sød. Endda uden at slå.

Nu er Rebecca selv blevet mor, og hun har fået den skønneste lille Pippi Langstrømpe-pige, der udfordrer Rebecca med al sin naturlige livsglæde.

Rebeccas mor siger igen og igen, at Rebecca skal opdrage sin datter.

Og Rebecca mærker selv, at det føles forkert, når datteren ikke ser ren og sød ud med pæne kjoler, men i stedet løber rundt med strithår og gummistøvler, der sidder omvendt.

Måske vil Rebecca nu prøve at sætte hårdt mod hårdt og knægte datterens livsglæde. Så hun kan få hende til at passe ind og blive "rigtig".

Det er det karmiske mønster, som Rebecca er vokset op med og som sidder i hende og nu styrer hendes følelser og reaktioner overfor hendes datter. Bevidst og ubevidst.

Med andre ord, handlinger sker og de påvirker os og følger os i både vores egne og vores børns liv uden at vi er helt bevidste om det.

Når man ser energetisk på det (altså med det udgangspunkt at alt i os og om os er energi, det kommer jeg nærmere ind på lige

om lidt) betyder det, at alle vores handlinger – vores karma – vokser sammen til en energi.
En næsten selvstændig energi, som både er inde i os og omkring os og følger os. I alt, hvad vi gør og hvor vi end er.

På den måde gennemsyrer vores karma hele vores liv.
Alt, hvad vi tænker, siger, gør, føler og mener.

Og ofte er vi slet ikke klar over, at de er der, karmamønstrene.

Som eksemplet med Rebecca, der ikke rigtigt ved hvorfor hun har det så svært med datterens sprælske og naturlige personlighed.

Vi kan gå rundt og tro, at vi lever ud fra vores frie vilje og selv træffer vores egne valg.
Selvom vi i virkeligheden ligger fuldstændig under for vores karma.

Heldigvis er det muligt at ændre på de gamle følelser, overbevisninger og måder at gøre tingene på, når først vi begynder at få øje på dem.

I eksemplet med kvinden Rebecca kunne det jo være, at hun pludselig mærker at det føles forkert at skulle tryne sin datter.

At hun egentlig har lyst til at ændre de gamle mønstre og lade datteren blomstre og være sig selv.
Give hende den frihed hun aldrig selv fik. Uden at være jaloux på sin egen datter over det.

Måske mærker Rebecca det uden at vide, hvordan hun skal gøre.

Det er her karmahealing kommer ind i billedet.

HVAD ER HEALING?

Så lad os få taget hul på det andet store punkt i denne lille bog: Hvad er healing egentlig?

Healing betyder at hele.

Healing er ikke et quick fix og man kurerer ikke med healing.

Nej. Healing heler.

(Når det så er sagt, er der sjovt nok rigtig mange ting, der bliver bedre efter healing. Eller helt forsvinder. Både fysiske og psykiske ting som ondt i maven, hovedpine, muskelsmerter, kropslig uro, tankemylder, søvnbesvær, neglebidning, angst, depression og stress. Men det kan komme i en anden bog.)

Healing handler om energi.

Alt omkring os er energi og vi er også selv energi.

Vi består af atomer og partikler og den slags og det er alt sammen energi.

Ligesom møblerne, vores tøj og glasset vi drikker af. Selvom det føles fast, så er det hele energi.

Energi kan omdannes fra en form til en anden.

F.eks. kan friktionsenergi – altså gnidningsenergi – blive til varme-energi, når vi gnider noget hårdt mod hinanden.

Som når vi gnider vores hænder sammen en kold vinterdag for at danne varme. Eller man kan gnide to pinde hårdt mod hinanden, hvis man er strandet på en øde ø og skal tænde ild til noget.

Energi kan også omdannes i forhold til de vibrationer, den svinger med. Det vil sige, at energi kan gøres tungere eller lettere.

Man taler om at energien er høj – det vil sige hurtigt vibrerende – når den føles let og at energien er lav – altså langsomt vibrerende - når den føles tung.

Det kender man både fra steder og mennesker.

Der er nogle steder og personer, der gør en let til mode.

Og så er der steder og personer, der føles tunge.

Det er fordi den energi, vi er i eller har i os, bliver påvirket af alt det, der er omkring os:

Dem vi er sammen med, de steder vi opholder os og de ting vi har omgiver os med.

Men også af det vi spiser og drikker, det vi taler om, tænker på, læser og ser på vores skærme.

Det hele er energi, og den energi påvirker vores egen energi.

Er det lyst og venligt og rart? Så er det sådan vores energi bliver.

Er det mørkt, skræmmende og trist? Ja, så er det også sådan, vi får det.

Og hvad kan man så bruge det til?

Jo, healing er tilførsel af energi fra et andet sted end os selv.

Og den energi, der bliver brugt til healing, er meget højt vibrerende. Meget, meget højt vibrerende.

Meget højere end den energi vi selv rummer og den energi vi går rundt med her på jorden.

Det betyder, at når vi tilfører kroppen den meget høje og rene healings-energi, så bliver vi simpelthen renset igennem.

Du kan se det som lys. Meget kraftigt lys, der opløser alt mørkt ved at lyse på det.

Eller du kan se det som et akvarium med beskidt vand, der bliver renset med rent vand.

Når vi skyller akvariet med det reneste, klare vand, så forsvinder alt det grumsede og bagefter er vandet i akvariet helt klart og fint.

Det er det samme, der sker ved en healing.

Og ligesom akvariet godt kan blive ret grumset – faktisk endnu mere grumset - mens man skyller, så kan man også opleve, at man under en healing eller lige efter kan få det dårligt, når gammelt skidt og grums dukker op til overfladen.

Det kan være gamle følelser, vi har gået og gemt væk som sorg, tristhed eller vrede. Traumer, smerte, chok, angst, stress, afvisninger, negative tanker om, at vi ikke er gode nok eller at verden ikke er tryg. Den slags.

Alle vores oplevelser gennem dette liv og de tidligere, kan sætte sig som aftryk i vores kroppe og energisystem. Hvilket kan skabe blokeringer i vores muskler, vores tanker og vores følelser.

Det kan gøre os deprimerede, bange og vrede.

Og få os til at trampe rundt i gamle, dårlige mønstre, som vi bare bliver VED med at gentage uden at forstå hvorfor.

F.eks. altid at finde arbejdspladser, hvor der er mobbe-problematikker.

At selvsabotere slankekure/rygestop/opsparinger eller andre tiltag, vi egentlig gerne ville lykkes med.

Være låst til de følelser og reaktioner, som hersker i familien. Og til de der kæmpe dramaer, der kan give ondt i maven flere måneder før juleaften eller runde fødselsdage.

Eller samle på dårlige kæresteforhold og venskaber, hvor vi bliver brugt og taget for givet i stedet for at blive værdsat.

Men.

Heldigvis kan man heale på sådan nogle gamle blokeringer og mønstre. Faktisk kan man heale dem så meget, at de forsvinder. Bl.a. ved karmahealing.

Så kan du blive fri til at være, den du er.

Mærke dig selv og følge din egen vej.

KÆRT BARN HAR MANGE NAVNE

Måske tænker du nu, jamen jeg er ikke religiøs og jeg tror ikke på karma?

Det er fint, det behøver du heller ikke.

For nogle er det med karma tilsyneladende en svær størrelse at arbejde med. Så kan man kalde det så meget andet og det er der også mange der har gjort allerede.

Traumevandring, epigenetik og senfølger handler efter min mening om karma.

Vi kan nå til den samme erkendelse af forskellige veje.

I psykiatrien taler man om **traumevandring**.
Forskning har vist, at forældres krigstraumer kan nedarves af både deres børn og børnebørn.

Man kan altså aflæse forældrenes lidelser i flere generationer, hvor børnene har samme tendens til depression, angst, tvangstanker og uro, selvom de aldrig har været i nærheden af krigens rædsler.

Man har også lavet (meget usympatiske) forsøg med mus, der har vist det samme.
De voksne mus blev udsat for tortur samtidig med en bestemt duft, hvilket gjorde musene så bange for duften, at de rystede af skræk, når duften kom.
Når de senere fik børn, rystede musebørnene også af skræk, når duften kom, selvom musebørnene aldrig selv havde oplevet tortur.

Biologer og læger forsker i **epigenetik**.
Det handler om, at vores dna ikke er fast og uforanderligt fra vi bliver født til den dag, vi dør.
Vores genetiske kode kan forandre sig. Faktisk er kun 2 % af vores dna helt fastlagt. Resten kan "tændes" og "slukkes" så det kan ændre kodning og dermed funktion.

Nogle af omkodningerne, der opstår, kan forklares ud fra f.eks. kost, forurening, træning, stress, sygdom og den slags.
Men der er også mange forandringer, man ikke har kunnet forklare endnu.
Til gengæld har man fundet ud af, at vi kan give den omkodede genetiske information videre til vores børn.
Og det er jo også karma.

Senfølger kalder man de reaktioner, der opstår og følger en person *efter* en sygdom eller en voldsom hændelse er overstået og alt burde være fint igen.
Senfølger kan give fysiske symptomer, men også psykiske som f.eks. angst, depression, spiseforstyrrelse, selvskade, koncentrationsbesvær og frygtelig meget mere.

Det er interessant at tænke på, at vi faktisk har ligget i vores mormødres maver sammen med vores egne mødre, dengang mormor var gravid.

For en kvindes æg dannes allerede i fostertilstanden i uge 20.

Altså er det æg vi selv er "lavet af" blevet dannet inde i vores mors mave, mens hun lå som foster i vores mormors mave.

Alle de tanker, følelser og energier, som har været i og omkring din mormor og mor, dem har du været i nærkontakt med og lagret i dig.

HVORDAN KAN KARMA PÅVIRKE VORES LIV?

Karma kan ses som et klistret edderkoppespind, hvor du sidder fast i trådene.

Eller som en tung, stillestående og begrænsende energi, der holder dig fast og gør at du ikke kan se din situation klart.

Du mærker måske bare, at du ikke har det rart og at du længes efter noget lysere, noget gladere.

Karma kan også ses som mønstre, du er fanget i og gentager og gentager uden at kunne slippe ud af dem selv.

Hver gang du er lige ved, sker der et eller andet, så du er tilbage, hvor du startede.

Karmamønstre kan både komme til udtryk i de helt store dramaer på liv og død og i de små ting i hverdagen.

Som f.eks. at forveksle gaver med kærlighed.

Du kender nok til det med at gå op i gaver med liv og sjæl for alligevel at blive skuffet hver jul og fødselsdag.

For uanset hvor stor, dyr eller eksklusiv gaven er, kan den ikke fylde det hul, der smerter og kun kan lukkes med kærlighed og ægte opmærksomhed.

Det hul, der opstod, fordi nogle forældre ikke kunne finde ud af det med følelser og derfor prøvede at kompensere med gaver.

Måske fordi det var det, de lærte af deres egne forældre.

Karma.

Det kan også være den irrationelle angst for, at der ikke er nok mad, så man altid kommer til at lave alt, alt for meget mad til gæster og må smide ud.

Angsten kan med stor sandsynlighed føres tilbage til mødre, bedstemødre og oldemødre, der har oplevet sult eller skam ved ikke at være gode nok husmødre.

Altså karma.

Karmiske mønstre kredser ofte om et bestemt tema:

- At du aldrig har nok penge

- At du bliver svigtet, når du viser tillid

- At du tiltrækker partnere, der ikke er gode for dig

- At du har evige og tilbagevendende konflikter med din familie

- At du har problemer med vrede, angst eller depression

- At du har spiseforstyrrelser

- At du har problemer med misbrug – enten selv eller i dine relationer

- At du saboterer dig selv og dine muligheder, hver gang du har en mulighed for at få det bedre

Og vi skaber selv mere karma, fordi vi forventer mere af det tunge, vi kender. (Som i eksemplet med elevatoren.)

Den forventning har vi jo fået kodet ind i os og lagret i vores energisystem igen og igen. Så vi går bare og venter på det.

Og kommer dermed ubevidst til at tiltrække mere af det.

Vi kan slet ikke finde ud af, at lade gode ting ske i vores liv.

For det første fordi vi slet ikke kan få øje på dem og for det andet fordi vi ikke kan finde ud af at tage imod gode ting eller give plads til dem.

Det føles simpelthen for uvant og mærkeligt. Selvom vi virkelig gerne vil forandringen.

Derfor er vi nødt til at få sluppet og forløst vores gamle overbevisninger først.

Ellers er der ikke meget håb om, at vi kan få ændret de mønstre, vi er bundet ind i.

Ifølge jainismen
(som er en mindre kendt lillesøster til
buddhismen og hinduismen)
 er karma små fysiske partikler, der
trænger ind i os og binder sig til vores
sjæl og tynger os ned, indtil vi lærer os
at befri os fra dem.

EN LILLE HISTORIE OM DUERNE PÅ STATIONEN

Der hvor jeg bor, er der et duepar, der bygger rede på hvad der må være verdens skrækkeligste sted.

Jeg ved ikke om det er de samme, men hvert år er der et duepar, der vælger at slå sig ned og få unger lige præcis der.

Det er på en betonafsats over en hæslig lang lampe, der sender kunstigt lys ud det meste af døgnet.

Der er intet at bygge af, ikke den mindste lille pind.

Betonafsatsen er på en jernbanebro under S-toget, der dundrer forbi hvert 10. minut - hver vej - fra kl. 5 om morgenen til 1 om natten.

Og under jernbanebroen er Jyllingevej, hvor 30.000 biler kører forbi i døgnet.

Det larmer voldsomt, det siger sig selv. Men når bilerne kører under broen, slår lyden op mod betonen og larmen bliver ekstra forstærket.

Når jeg følges med nogen på fortovet under broen, kan vi ikke høre hvad den anden siger, selvom vi råber.

Derfor skynder vi os altid ud og væk fra broen.

Men de her duer vælger aktivt at søge tilbage under den for at få deres unger der.

Det mest mærkelige er, at lige ved siden af broen ligger alle villahaverne.

Jeg har målt med øjnene, og tre-fire meter i fugleflugt fra deres rede står et kæmpestort, smukt og stedsegrønt grantræ.

De kan faktisk sidde i deres rede på betonen og kigge hen på det.

Hvis de byggede rede i det grantræ, ville de sidde beskyttet mod sol og vind af træets tykke grene.

Blidt vuggende i en duft af grannåle, forestiller jeg mig.

Og med udsigt til havernes overflod af både mad og grønt, sol og skygge.

I min egen have bor der flere have-duer.

De er tykke, glade og trygge.

Trasker mageligt omkring i græsset, spiser korn, der er lagt ud til fuglene og bygger reder og får unger i de smukke gamle frugttræer.

De ligner stationsduerne på en prik, men hvor stationsduerne tit ser mere skravlede ud i fjerene og nogle gange har deforme fødder, så er er haveduernes fjer glatte og velordnede.

Måske fordi de tager så lange bade i fuglebadet hver dag og bruger masser af tid på at pleje sig selv.

Men måske også fordi de bare går rundt og nyder livet og har det godt.

Jeg har spurgt mine skytsengle og guider om hvorfor, duerne bygger rede der på Jyllingevej.

I støjen og på den grå beton.

Og jeg fik at vide, at de ser sig selv som stationsduer.

Da jeg spurgte om de ikke bare kunne flytte ind i en have og blive have duer i stedet, blev der tavst, sagde englene.

Det gav ingen mening for duerne, det jeg spurgte om.

Nej, en stationsdue kan da aldrig blive en havedue!

Og så var den samtale slut.

Jeg tror de bygger rede der, fordi - det har de altid gjort.

Og deres forældre før dem.

Jeg tror, at de slet ikke har fantasi til at forestille sig, at havelivet kan være for dem.

Måske ville de endda føle sig dårligt tilpas.

Fordi det ville være så uvant.

Fordi det kan være svært at tro på, at man har ret til det gode liv.

Og hvorfor så al den snak om duer?

Jo.

For mig at se, er der i det her tilfælde ikke så stor forskel på duer og mennesker.

Det handler om karma.

Vi handler og lever ud fra de energier, værdier og overbevisninger, vi er vokset op med.

Det vi er vant til.

Vores karma.

Og det kan gøre os helt blinde for de muligheder, vi har i livet.

Men hvis man vil, kan man godt slippe ud af de begrænsende overbevisninger og energier, der holder en fast.

Man kan f.eks. få kigget på sine overbevisninger, så man både kan opdage, at de er der, forstå hvor de kommer fra og hvordan de påvirker - og ikke mindst slippe dem.

Så husk – du vælger selv om du vil leve som stationsdue eller havedue.

> **Grundtonen i mit liv er blevet lysere**
>
> Den største forandring efter mit karmaforløb er, at grundtonen i mit liv er blevet meget lysere.
>
> Og jeg har en større balance i mig selv og mit ståsted i verden.
>
> *Klient efter karmaforløb*

PERSONLIG KARMA

Der findes flere slags karma. Personlig karma, familiekarma og kollektiv karma.

Personlig karma handler om de ting, vi selv har gennemgået i både det her liv og de tidligere.

Måske tænker du nu, hov hov, tidligere liv?
Det er altså ikke noget jeg tror på…

Og det er selvfølgelig helt ok, hvis du har det sådan.

Men jeg har oplevet så mange gange, at menneskers liv i dag er dybt forbundet med hændelser i liv, de har haft før.
Så for mig *er* tidligere liv noget vi alle sammen har haft.
Og de påvirker os meget mere end vi aner.

Nogle af os har været her mange gange før.

(Det faktum, at du har fundet denne bog interessant og sidder og læser i den nu, kunne godt pege i retning af, at du er en af dem. At du har en gammel viden, bevidst eller ubevidst, som trækker dig mod mere klarhed på det her område.
Ellers havde du sikkert fundet et dameblad eller en gammel Anders And at læse i stedet.)

Vores tidligere liv har givet os erfaringer og handlemønstre som stadig kan påvirke os i det her liv.

Mange spirituelle mennesker tør f.eks. ikke stå frem og fortælle om hvad de kan og tror på, fordi deres erfaringer fra tidligere liv som hekse og kloge koner har lært dem, at det bliver man altså forfulgt og brændt på bålet for.

Det hele foregår 100 % ubevidst. Eller måske 99 %.
Men man tænker ikke over, at grunden til, at man i dag lige lægger sine orakel-kort væk, inden der kommer gæster, kan være, at man en eller flere gange er blevet anklaget for trolddom af kirken for flere hundrede år siden.

En lang række liv som offer for forbrydelser, overgreb eller uretfærdighed kan sætte sig i dette liv, så man fortsætter med at være offer i sit eget liv og slet ikke kan tro på, at det kunne være anderledes.

Ligesom en lang række liv som bøddel kan få en til at fortsætte med at optræde grænseoverskridende eller manipulerende over for andre.

Det kan være helt specifikke hændelser, man har "taget med" fra et tidligere liv til dette.

F.eks. en hængning, der giver uforklarlige smerter i nakken i det her liv eller vandskræk, der stammer fra en druknedød i et tidligere liv.

Det er ikke ualmindeligt at have haft (voldsomme) oplevelser med tvangsfjernelser af børn i et tidligere liv, som så resulterer i en uforklarlig angst for at miste sine børn eller giver problemer med at blive gravid i dette liv.

Men der kan også være tale om et overordnet tema fra en lang række af liv med samme tema, der løber med ind i dette liv som en grundvibration.

F.eks. sorg, vrede, skyld eller frygt, der ikke kan forklares rationelt, netop fordi den er karmisk.

Klienter kan komme til mig med en sådan uforklarlig stærk vrede, skyld, skam, frygt eller mistro, som de har båret rundt på hele livet uden at kunne finde ud af, hvor den er kommet fra.

Når vi går i gang med at heale på det, har det som regel altid bund i tidligere liv.

Kvinder, der er blevet krænket, overfaldet, myrdet liv efter liv efter liv.

Og som bliver fuldkommen overraskede og lettede, når de får taget afsked med de gamle liv og de gamle følelser og pludselig kan være her som sig selv – og sige ja til deres partner uden at tusind års vold og mistro ligger mellem dem i dobbeltsengen.

Mænd, der har haft krigerliv, hvor de har plyndret, myrdet og voldtaget og nu har taget en stor skyld med ind i det her liv, hvor de ellers lever som milde, empatiske og fredsommelige mennesker, der arbejder på kontor.

Men også omvendt.

For vi har alle haft liv som både mænd og kvinder og som både ofre og bødler.

Og jeg har set milde, venlige kvinder på min briks, der har haft inkarnationer som ondskabsfulde, voldsomme troldmænd, præster og soldater med hundredvis af menneskeliv på samvittigheden.

Man ser indimellem også børn som er uforklarligt vrede eller angste.

Det kan sagtens være noget, de har taget med fra et tidligere liv og jeg ville ønske, de kunne blive healet og mødt med kærlighed frem for med skældud eller piller.

Nå.

Men som om, det ikke var nok med alt det skidt, vi kan have slæbt med os fra tidligere liv, så er der jo også alt det, der er på tapetet i det her liv.

Og for mange spirituelle og lysarbejder er det ikke småting, vi har valgt at føde os ind i.

Det kan være liv fyldt med modgang og problemer.

Liv med partnere og familier, der ikke kan finde ud af at være kærlige og opbakkende, så vi f.eks. døjer med dårligt selvværd, misbrug, depressioner, angst og utryghed.

Men.

Der en mening med det, selvom den kan være svær at forstå.

Vores sjæl har selv valgt lige præcis det her liv med de udfordringer. Og vi har også selv valgt vores familie.

Det kommer jeg ind på lige om lidt.

Lysarbejder

Lysarbejder er et spirituelt udtryk man bruger om personer, der "lyser" i verden. Lysarbejdere bærer ofte en positiv og støttende energi og føler et kald og et ansvar for at gøre verden til et bedre sted til gavn for alle levende væsener - mennesker, dyr og natur.

Nogle lysarbejdere arbejder bevidst med deres spirituelle evner.

Andre gør det ubevidst ved at sprede lys i deres arbejde, familie og hverdag.

FAMILIEKARMA

Ligesom vi alle sammen har hver vores personlige karma, så har familier også forskellig karma.

Derfor kan karma i en familie se ud på mange forskellige måder. Man kan have en positiv familiekarma, hvor alt, hvad folk i den familie rører ved bliver til guld og succes.
Eller man kan have en tung familiekarma, der f.eks. kredser om depression, angst, vrede, økonomi, misbrugsproblemer, vold, (seksuelle) overgreb, spiseforstyrrelser (og det gælder både under- og overspisning), tilknytningsforstyrrelser, grænsesætning, evig kritik, offer- eller mangel-tankegang.

Og inden du tænker, Nå men det er heldigvis ikke mig, for sådan noget alvorligt noget har vi slet ikke i min familie, så stop lige her og tænk en gang til.

For alle familier har mønstre.

Og mange af de mønstre har vi bagatelliseret, så vi tror, de er næsten helt normale.

Men de påvirker os stadig negativt.

For eksempel noget så banalt som spisning.

Tænk på hvor mange familier, der blander sig i hinandens spisning.

Om de spiser for meget, for lidt eller forkert.

Og selvom vi har normaliseret det, så er trøstespisning på følelser, hvor vi spiser mere end vi har brug for, stadig en spiseforstyrrelse, der ikke er god for os.

(Og jo, det må jeg gerne skrive. Jeg har selv levet med spiseforstyrrelse i mange år. Både sulte-versionen og over-spise-versionen. Ingen af de spisemønstre gjorde mig særlig godt, skulle jeg hilse og sige og det tog mange års healing at få dem normaliseret bare lidt).

Trøstespisning starter oftest i barndommen eller ungdommen, hvor vi overtager overbevisningen om at mad = kærlighed og begynder at spise sukker og fedt for at dulme, de der følelser, som ingen kan finde ud af tale med os om.

Har du nogensinde tænkt over, at i nogen familier er der altid kage og slikskåle fremme?

Mens man i andre familier bare spiser det man skal bruge til måltiderne og så ellers ikke mere?

Det er karma. Familiens karma.

Et andet eksempel er overgreb.

Overgreb lyder så voldsomt og leder tankerne hen på noget med politi og kvindekrise-centre.

Men overgreb foregår i selv de pæneste familier.

Både seksuelle overgreb og fysisk og psykisk vold.

Psykisk vold bliver ovenikøbet tit forklædt som "vi har bare sådan en sjov humor i vores familie" og så bliver det pludselig helt i orden at nedgøre, udstille og håne hinanden, så vi bliver utrygge og mister troen på os selv.

Og måske endda retter ind og gør som familien vil have.

Alkohol eller andre former for misbrug er også noget, der fylder meget i nogen familier og slet ikke noget i andre.

Igen, karma.

Ligesom økonomi. Nogle familier har altid problemer med økonomien, generation efter generation.

Hos andre er der bare altid styr på det uden at nogen har tænkt, at det kunne være på en anden måde.

Karma.

Det er det, vi er vokset op med. Det er det vi kender og derfor det vi tager med os.

De sorte får

Mange klienter i karmaforløb har altid været familiens sorte får.

De begynder i forløb, fordi de er trætte af at leve med følelsen af at være forkerte.

Nu vil de slippe den rolle en gang for alle, så de kan begynde at være sig selv.

MEN HVORFOR VÆLGE EN FAMILIE MED DÅRLIG KARMA?

Nu tænker du måske, Hør hov. Det giver da ingen mening at vælge en familie, der lider under dårlig karma?

Hvis vi helt selv kan vælge, hvordan vores liv vil se ud, hvorfor skulle vi så vælge at blive født ind i en familie, der påfører os smerte og problemer?

Det kan vi gøre af flere grunde.

Vi kan vælge at lade os føde ind i familier med mørk og dysfunktionel karma for at "tage en for holdet".

Når vi gør det, bliver vi det lys, der skal til for at bryde den families karma.

For når vi healer på den mørke karma, så kapper vi simpelthen snoren og siger farvel til det tunge, der bandt. En gang for alle rent energetisk.

Det kommer jeg mere ind på senere.

Men på det mere jordnære hverdagsplan, så kan vi være med til at gøre problematikkerne synlige for alle, når vi lader os føde ind i de familier, hvor noget er galt og alle måske lader som ingenting.

Når vi står der, som det sorte får og stiller spørgsmålstegn og ikke kan finde ud af at passe ind, kan det hele ikke bare køre videre uden at nogen tænker over det.

Vi er med til at sætte en kæp i hjulet, så der kan ske forandringer.

Ofte bliver det sorte får den (første) der stiller sig frem og siger stop til forældre, bedsteforældre og forfædre.

For at beskytte sine egne børn og de kommende generationer mod de tunge energier og mønstre.

Når vi vælger at inkarnere i lige præcis den familie, kan det også være fordi, at den familiekarma er med til at lære os noget af det vi har brug for, for at komme videre i vores egen udvikling.

Det kan være "lektioner" der skal balancere tidligere livserfaringer om f.eks. overgreb, tillidsbrud, at stole på sin egen power eller at vælge mellem lyset og mørket.

Endelig er der mange lysarbejdere, der har ladet sig føde ind i familier med svære og tunge problemstillinger for at aktivere deres egne kræfter og udvikling netop som lysarbejdere.

Hvis vi lod os føde ind i en harmonisk alt-er-godt-familie, ville vi jo ikke have særlig meget lyst til forandring.

Og healing fører næsten altid til forandring. Men det kan være en kraftanstrengelse at træde ud af et tungt dysfunktionelt familiemønster.

Lidt ligesom når en sommerfugl skal vikle sig ud af sin stramme, hårde puppe uden at vide, hvad der venter den på den anden side.

Hvis der var rigtig hyggeligt og god plads inde i puppen, så kunne det jo være sommerfuglen blev derinde. Det er trods alt meget lettere.

Derfor skal vi nogle gange have en rigtig god grund til at gå i gang med at se på og slippe den her gamle karma.

Så vi kan blive frie til at leve livet let og bruge vores ressourcer på noget godt i stedet for at slæbe rundt på alt det tunge.

Og i en dysfunktionel familie er det ikke muligt for os at læne os tilbage og slappe af i det vi har.

KOLLEKTIV KARMA

Der findes også kollektiv karma.

Den kollektive karma handler om alle de ting, vi som menneskehed har oplevet og gjort mod hinanden og jorden.

Krige, massakrer, religioner, forfølgelser, naturødelæggelser etc.

Og ligesom familiekarma har den kollektive karma også indflydelse på os som individer og vores egen karma.

Den kollektive karma bliver for stor en mundfuld at komme nærmere ind på i denne her lille bog, men nu har jeg nævnt den, så du ved, at den findes.

KAN MAN SLIPPE AF MED SIN KARMA?

Så blev du så klog, og det er jo alt sammen meget godt.

Men hvad stiller man så op?

Kan man slippe ud af det der karma-kviksand?

Og kan alle det?

Det korte svar er ja.

Det lange svar er ja, hvis du er klar til at gå igennem forløbet, også når det bliver pinefuldt.

For det er desværre ikke kun fest og glade dage, når vi skal i gang med at se på gamle smerter og vikle os ud af gamle mønstre.

Du kan sammenligne det med, hvis man har fået en splint i fingeren og såret har lukket sig om splinten.

Selvom kroppen "officielt" har helet sig selv, så er det ikke godt. Der er stadig ømhed og betændelse rundt om splinten og det bliver ikke godt, før du åbner såret igen og får splinten ud, selvom det føles som om, at man starter forfra, når det bløder igen.

Karmamønstre kan man ikke tage med en spids nål eller pincet. Karma slipper man med healing.

Healing kan ses ligesom at tænde lyset i et mørkt rum. Og når vi lyser på de mørke pletter, vi bærer på, så kan vi få dem til at forsvinde.

For når vi lyser på gammel fortræd, gamle overgreb, gamle overbevisninger og møder dem med den kærlige og opmærksomme energi, som de har længtes efter siden de opstod i sin tid, så bliver de forløst - og opløst.

Og erstattet med ro, kærlighed, overskud.

Det kan have forskellige udtryk fra healing til healing.

Jeg ser det ofte som mørk røg eller sorte askepartikler, der bliver løsnet og fjernet fra klienten og erstattet af lys.

Eller den der snor, der bliver kappet, så karmaen slipper sit tag i os. Så vi kan gå videre som frie mennesker, mens karmaen stiger til vejrs som en mørk ballon, inden den bliver transformeret til lys og forsvinder.

Det vi slipper er også forskelligt og det føles forskelligt.

Både før under og efter healingen.

For mit eget vedkommende, så slap jeg af med en gennemgribende angst, der var så en så integreret del af mit liv, at jeg slet ikke vidste den var der.

Jeg troede det var "normalt" at være så bange for alting og gå rundt med katastrofe-tanker. Det er jo ikke noget man tænker over, når man ikke ved, at det kan være anderledes.

Jeg hørte andre tale om angst og angstanfald og hvordan de ikke turde være alene hjemme eller tage med bussen.

Nå, tænkte jeg, det lyder da ikke rart. Godt jeg ikke har det.

Men det havde jeg jo så.

Jeg havde bare fra en tidlig alder lært "at tage mig sammen" og knokle på. Lært at jeg ikke måtte "skabe mig" ved at vise følelser eller svaghed.

Men angst, det var jeg. Indeni.

Jeg var bange for at dø.

Jeg var bange for at mine nærmeste skulle dø.

Jeg var bange for at miste alt, hvad jeg havde.

Jeg var bange for, at der ikke var nok. (Nok af hvad? spørger du måske. Nok af alting! Penge, mad, læbepomade, julegaver, rene sokker, alting).

Jeg var bange for at komme for sent. (Til hvad? Til alting! Toget, tandlægen, mødet, aftalen).

Og jeg var bange for at jeg ikke var god nok. Dygtig nok.

At de andre ikke kunne lide mig.

At jeg ikke måtte være her, hvis jeg ikke gjorde mig fortjent til det. (Og hvad det egentlig indebar, var jeg ikke helt klar over).

Resultatet var at jeg gik ned med stress.

3 gange.

Så stødte jeg på healing.

Og så begyndte det langsomt at gå op for mig, at det ikke er "normalt" at gå rundt og være så bange.

(Eller at sove med lyset tændt om natten som voksen.)

Undervejs opdagede jeg også en offer-fortælling, der havde fulgt mig en alt for stor del af mit liv.

Et (ikke særligt charmerende) mønster, hvor jeg opfattede og iscenesatte mig selv som det evige men tapre offer.

Jeg så mit liv som en jammerdal fuld af ulykker, der bare regnede ned over mig.

Alt hvad der skete fra sygdom, afslag, punkteret cykel, uventet regning eller at ræven tog en af hønsene, gik jeg og holdt fast i og opfattede som et personligt angreb.

Og jeg lavede d-r-a-m-a over det, hver gang: Åh, se nu hvad der skete, hvorfor er det altid mig, det går ud over, hvor er det synd for mig og hvordan skal det dog gå!

Samtidig holdt jeg offerrollen ved lige ved at påtage mig en hel masse opgaver og en hel masse ansvar, der slet ikke hørte til hos mig.

Så kunne jeg gå rundt og være overvældet og synes at verden var uretfærdig og livet hårdt.

Da jeg begyndte at slippe den rolle, gik det op for mig hvor meget energi, det havde kostet mig at gå og lave alt det drama.

Og hvor angstfremkaldende det havde været at gå rundt som offer.

Som offer er du magtesløs og går med en følelse af, at du ikke har nogen kraft eller indflydelse på dit eget liv.

Den offer-fortælling var jo nok nedarvet gennem generationer fra mine formødre. Kvinder, der rent faktisk var ofre. Økonomisk, socialt og karrieremæssigt ufrie var de. Og med et alt for stort ansvar for om familien fik mad, tøj på kroppen og den rette anseelse i samfundet.

Men jeg behøvede ikke at være offer. Og i dag er jeg fri af den opfattelse.

Jeg ved godt, at ting sker, uden at det har noget med mig at gøre.

Hvis ræven tager en høne, så er jeg selvfølgelig ked af at have mistet min høne.

Men jeg ved at ræven gjorde det, fordi den er sulten. Ikke fordi universet straffer mig.

Hvis jeg får en uventet regning, så finder jeg ud af, hvordan jeg får den betalt og glæder mig over, at det kan lade sig gøre.

Og hvis jeg føler mig overvældet, så kan jeg skære ned på de opgaver og ansvar, jeg påtager mig.

For det er ikke alt i verden der er min skyld, mit ansvar eller min opgave.

Det var en stor ting at opdage.

Der er sket noget i min hjerne

Jeg er et helt andet sted nu. Der er sket noget i min hjerne.
Jeg har ændret mindset. Jeg er blevet gladere…
Nej, jeg er begejstret og jeg bobler!
Jeg føler mig ikke begrænset – og det har jeg ikke prøvet før.
Jeg kan fortælle mig selv, alt det jeg kan.
Og at jeg er god til det.

At tage det her karmaforløb, var det bedste jeg nogensinde har besluttet mig for at gøre.

Klient efter karmaforløb

KARMAHEALING ER EN REJSE

At begynde et forløb med karmahealing er at begynde en rejse.

En anderledes rejse.

For du ved ikke hvor du skal hen.

Og du ved ikke hvor lang tid det vil tage. Eller hvad det vil koste dig af kræfter.

Et karmaforløb starter som regel som en rejse væk fra noget.

Væk fra det, der holder dig nede eller tilbage.

Væk fra det, der ikke er godt for dig (længere).

Det er også en rejse mod noget.

Men det er ikke sikkert du ved, hvad det noget er.

Ofte forestiller folk sig én ting, og opdager senere i forløbet, at det faktisk var noget helt andet.

F.eks. kan man tro, at målet er at få et bedre forhold til sin mor/far/søster/partner.

For så at opdage, at man undervejs har sluppet noget helt andet, man slet ikke var bevidst om.

Og nu står et sted, hvor det med ens mor/far/søster/partner pludselig ikke betyder så meget længere.

Rejsen slutter aldrig helt.

Men en dag opdager du pludselig, at du er ankommet til et sted, der er meget rarere at være, end der hvor du var før.

KARMAFORLØB – HVAD SKER DER?

Hvad GØR et karma-forløb så?

Det er svært at beskrive.
Fordi vi alle sammen har hver vores helt unikke blanding af karma fra dette og tidligere liv, er karmaforløb altid 100 % individuelle og unikke.

Karmahealing går både på familiekarma, kollektiv karma og personlig karma og det kan gå meget dybt.

Man har mulighed for at slippe alt det man ikke længere har brug for karmisk, men man kan kun slippe det man tør og er klar til.

Og det kan være en hård proces at ændre så indgroede gamle mønstre. Man skal være klar til at tage fat.

Et karmaforløb sender healing igennem til de steder i os, der har brug for healing.

Det kan ses og føles på mange måder.

De fleste mærker varme eller kulde undervejs eller oplever lys.
Nogle mærker en stor lethed, når det tunge pludselig slipper.
Nogle græder voldsomt, mens det står på.

Nogle forløb er smertefulde – for nogen så smertefulde at de giver op og ikke magter at gennemføre forløbet.
Det sker heldigvis ikke så tit.

Nogle får fysiske reaktioner som smerter eller gamle sygdomme, der pludselig kommer op til overfladen og hilser på igen som en slags ekkoer fra fortiden.

Det går væk igen.

Der kan også dukke gamle følelser og "humører" fra fortiden op, som f.eks. angst eller depression, hvis man har lidt af det tidligere.
Det kommer alt sammen frem, så vi kan se på det og vælge om vi vil tage afsked med det.

Man kan sammenligne karmahealing med at rydde op i et kælderrum.

Det støver og sviner og vi er nødt til at lukke hver eneste kasse op og se på, hvad der er nede i dem, før vi kan sortere i hvad der skal blive og hvad, der skal ud.

Det er også almindeligt at blive meget træt under et forløb med karmahealing.

Det kan være svært for os moderne mennesker, der er vant til at vi skal være effektive og måle os på at vi kan nå alt muligt.

Men det giver mening, at vi bliver trætte.

Du kan sammenligne det med, hvis du har gået og båret på noget meget tungt i lang tid. Når du slipper det tunge igen, så ryster og smerter dine muskler.

På samme måde er det, når vi i årevis har gået og holdt fast på gamle traumer og blokeringer.

Vores celler og muskler slipper dem rent fysisk og det giver både en stor lettelse og en stor træthed og behov for restitution.

Karmaforløb er også forskellige alt efter hvilken healer, du går hos.

Men generelt løber et karmaforløb over en længere periode – f.eks. en healing hver måned i 7 måneder, så der er tid til at alt det gamle kan komme op til overfladen.

Der ligger meget arbejde mellem healingerne

Det er jo helt vildt, når jeg tænker tilbage på mit karmaforløb, hvad der egentlig er sket undervejs.

Helt vildt.

Og en ting er healerens arbejde. Men det er lige så meget alt det arbejde, der ligger mellem healingerne.

Det skal man ikke undervurdere, fordi det er lige så betydningsfuldt. Healingen arbejder jo videre.

Klient efter karmaforløb

HVIS DU OVERVEJER KARMAHEALING

Hvordan ved man om man er klar til karma-healing?

Ja, det er godt spørgsmål.

Men bare det, at du er opmærksom på at det findes og lige nu sidder og læser i denne her bog, kan være et tegn.

Som jeg skrev i begyndelsen, så er der så meget andet, du kunne have fundet på at læse.

Generelt kan man sige, at hvis du mærker en genkendelse eller at "noget" trækker dig i den retning, så gå med den fornemmelse.

Det er højst sandsynligt dine guider og skytsengle, der gerne vil have dig i den retning.

Der er emner, som ofte går igen blandt folk, der vælger at begynde et karmaforløb.

Du kan evt. mærke efter, om der er nogen af dem, der vækker genklang hos dig:

Selvværdsproblemer

Familieproblemer

Angst

Katastrofetanker

Mangeltankegang

Offer-mentalitet

Skyld & Skamfølelse

Depression

Forkertheds følelse

Spirituelle evner, der er lukket ned

Ær din karma

I stedet for at være ulykkelige eller vrede over vores ophav, opvækst og karma, kan vi vælge at se på den med respekt og taknemmelighed.

For selvom vores karma kan virke sort, så er den stadig værdifuld som en perle. Uden den var du ikke den du er nu med al din viden, erfaring og indsigt.

Du er i kraft af din karma ikke på trods.

BLIVER ALT GODT EFTER EN KARMAHEALING?

Det korte svar på det er: Nej.

Desværre.

Man er ikke fritaget for uheld og problemer og man kommer ikke til at leve lykkeligt til sine dages ende, selvom man har healet sin karma.

Der er stadig regnvejrsdage, p-bøder og ting, der ikke blev som man ønskede det.

Nogle kan have et håb om, at et karmaforløb kan løse familiens konflikter en gang for alle, så man kan have det rart sammen og komme tættere på hinanden.

Men det er slet ikke sikkert, at det sker.

Faktisk kan der ske det modsatte.

Det er tit sådan, at når man begynder at ændre sine mønstre, kan man møde stærke reaktioner fra familie, venner, kolleger eller partner.

For én ting er at *du* har lyst til at ændre dig.

Men det er slet ikke sikkert at andre har interesse i at det sker.

Især ikke hvis de har gavn af den rolle du har haft indtil nu.

F.eks. hvis du er en, der giver og giver, en der tager al skyld på dig eller den, der er nederst i hakkeordenen.

Så er det ikke usædvanligt at møde modstand eller drama undervejs. Og det kan gøre rigtig ondt.

Men!

Det vil være lettere for dig at leve med det efter et karmaforløb. At stå i din egen sandhed og det er der er rigtigt for dig.

Du vil kunne leve uden de marionet-snore, som før har tvunget dig til at gøre og føle ting, som du faktisk ikke havde lyst til.

Skyld og skam fra familie og partnere er f.eks. super effektive marionet-snore.

Der opstår også ofte tættere relationer med de mennesker, der så *er* de rigtige for dig.

Klienter fortæller, at det pludselig føles som om at et andet familiemedlem også får healing og begynder at ændre sig og bakke dem op.

Og når de forkerte venner falder fra, bliver der plads til at de rigtige kan komme til i stedet.

De der problemer med p-bøder og regnvejrsdage og restskat bliver også meget lettere at håndtere.

Fordi du kan se dem som det, de er – neutrale hændelser, der bare opstår engang i mellem.

Fremfor at de er ting, der trigger dine uhealede sår og vækker smerte, frustration og gamle følelser.

Som jeg har været inde på, kan karmaforløb være krævende. Fysisk, psykisk og følelsesmæssigt. Og energimæssigt.

Så jeg vil anbefale dig at finde en healer, du har tillid til og som er stærk nok til at stå i det, der måske dukker frem undervejs.

Og stærk nok til at få dig igennem det på en god og betryggende måde.

Mærk om du føler dig tiltrukket af en bestemt.

Det kan være en annonce, et skilt, et ansigt eller en samtale du overhører.

Er du i tvivl, så kan du bede om en samtale eller prøve en almindelige healing først og mærke efter om kemien er rigtig.

Lad din intuition råde og mærk dig frem.

Du er meget klogere end du tror!

Held og lykke med rejsen.

Jeg er ret sikker på, at du ikke vil fortryde det.

Det vigtigste er at vælge det

Jeg tror ikke, der er noget rigtigt eller forkert tidspunkt at begynde et karmaforløb. Det der er vigtigt, det er at man vælger det. At man siger ja tak til det og til det, der må komme med det. Da jeg begyndte, var jeg helt nede og havde det rigtig, rigtig svært. Og ude fra set havde jeg måske ikke mange ressourcer at give af. Men karmaforløbet var det, der hjalp mig op i lyset igen.

Klient efter karmaforløb

HVAD SIGER ANDRE OM KARMAFORLØB?

Jeg forstod, at det var mig selv, det handlede om

Jeg har haft så meget vrede mod mennesker i mit liv.

Over at de ikke var der. Men under karmaforløbet forstod jeg lige pludselig, at det jo var mig selv, det handlede om.

At jeg stod i mine egne skyggesider og pegede på andre.

I stedet for at kigge indad. Det var forløsende.

Klient efter karmaforløb

Transformation og tillid

Når jeg tænker på mit karmaforløb, tænker jeg transformation. Det er det første, der popper op. Og udrensning. Jeg har renset rigtig meget mørke ud, både fra tidligere liv og fra det her liv. Det har handlet om tillid. At etablere tillid til universet og livet. Og at lære at åbne for lyset og bare få lys lys lys ind.

Klient efter karmaforløb

Det gjorde så ondt, at min stedmor valgte mig fra

Jeg har været så ked af, at min stedmor valgte mig fra og ikke ville se mig mere.
Det var noget, der gjorde ondt!
Det der med at blive valgt fra helt bevidst og ansigt til ansigt: "Jeg vil bare ikke se dig mere."

Jeg syntes, det var så mærkeligt. Jeg troede, at vi havde et godt forhold. Hun har altid behandlet mig godt og kaldt mig "lille skat" og så da min far døde: "Jeg vil bare ikke se dig mere."
Og så var alt det, vi havde sammen, væk med et fingerknips.
Som om det aldrig havde eksisteret.
Jeg fik aldrig nogen grund.

Det var en stor en at skulle over. Vi tog den i en af de første sessioner. Men selvom jeg fik healingen, så skulle der nogle processer i gang. Den brugte jeg i hvert fald tre uger på.

Og så lige pludselig faldt det på plads. Det gjorde ikke ondt mere, men føltes bare okay. "Det er hendes valg. Og man kan jo ikke være alles kop te," tænkte jeg.

Det var en af de rigtig gode ting, jeg fik ud af at komme i det her forløb.

Klient efter karmaforløb

Jeg gik med en sorg over, jeg aldrig blev mor

Jeg har i mange, mange år gået med en sorg over, at jeg aldrig blev mor.

Og jeg har dunket mig selv i hovedet over at jeg aborterede, da jeg endelig blev gravid for 14 år siden.

Jeg har altid tænkt, at man ikke er en rigtig kvinde – at man ikke er en rigtig voksen – hvis man ikke selv har fået børn.

Og jeg har følt mig som stopklodsen, der gjorde at familien ikke blev videreført.

Jeg har spurgt mig selv og universet igen og igen: Hvorfor fik jeg denne her inkarnation uden børn?

Den sorg har fyldt SÅ meget.

Men under karmaforløbet kom der en masse ting frem, der forklarede en del for mig.

At jeg ubevidst havde gjort meget for at undgå at blive gravid.

At jeg ubevidst var bange for, at jeg ikke ville være god nok som mor, hvis jeg blev gravid.

At jeg var bange for, at min mor ville skulle overtage barnet og jeg selv ville stå tilbage som en fiasko.

At jeg ikke ville være i stand til at beskytte barnet mod overgreb – ligesom jeg selv ikke blev beskyttet, da jeg var barn og blev udsat for overgreb.

Efter første healing græd jeg hele dagen og faldt i søvn og sov 8 timer bagefter.

Efter anden healing lå der små hjerteformede blade over det hele på fortovet, da jeg kom ud på fortovet. Det mest kærlige engletegn, jeg nogensinde har fået.

Og så slap det.

Jeg talte med mine engle og forstod, hvorfor det ikke skulle være og så kunne jeg endelig slippe sorgen.

Klient efter karmaforløb

Min mor siger, at jeg er blevet mindre vred

Og det er fuldstændig rigtigt.
Jeg har været dybt ulykkelig over at være så vred på mine
omgivelser. Især på dem, der var tættest på mig.

Men jeg fandt ud af, at grunden til, jeg var vred, var at jeg ikke
havde overskuddet til at gøre og være alt det, jeg gerne ville.
Før i tiden, når nogen bad mig om noget, følte jeg ikke, at jeg
havde noget valg,
Jeg følte mig som en tjener og sagde altid "så lad mig gøre det!".
Og så gjorde jeg tingene, men rigtig hidsigt og hårdt, så det ikke
var rart for nogen af os.

Men det var ikke andres skyld.
For jeg sagde selv ja!
Havde jeg sagt nej og bedt andre om at gøre det, så havde de
gjort det.
Men jeg gav ikke andre muligheden for, at de kunne få lov at
gøre noget.

Jeg følte, at jeg var nødt til at gøre alting selv og ikke kunne bede andre om at hjælpe mig.
Derfor blev jeg udmattet og vred og tænkte "det bliver jo alligevel mig, der skal lave det hele".

I dag kan jeg med ro i kroppen sige "ja, det kan jeg sagtens" eller "Nej, det kan jeg ikke i dag."

Jeg bliver rørt bare af at tænke på det…

Klient efter karmaforløb

Jeg var i meget dyb sorg

For mig har karmaforløbet været magisk.

Altså virkelig MAGISK.

Som om, at porten til universet blev åbnet for mig.

Det er helt vildt hvad det har gjort.

Jeg kom fordi, jeg var i meget, meget dyb sorg.

Og det blev også en del af forløbet, for sorgen var et stort og konkret nu og her-mørke.

Men jeg kan se nu, at det lige så meget handlede om andre mønstre i mit liv, som sorgen forstærkede.

For jeg har jo altid haft det svært i mit liv. Jeg har altid været skævt på livet og har ikke kunnet finde ud af det.

Selv sammen med min mand, som jeg var så lykkelig sammen med i vores kærlighed, selv sammen med ham var jeg ikke rigtig lykkelig, fordi jeg ikke havde fundet min vej.

Og det er jo det, der gør at jeg faktisk har en større balance i dag, selvom jeg har mistet ham.

Nogle gange kan jeg blive helt ked af at han ikke får lov at opleve mig sådan, som jeg har det nu. Det ville jeg ønske. Men han er med mig, det ved jeg.

Klient efter karmaforløb